LA

SECONDE CHAMBRE

IMPRIMERIE TYPOGRAPHIQUE PAUL LIBÉRAL ET Cᶜ

20, rue Saint-Joseph, 20

LA
SECONDE CHAMBRE

PAR

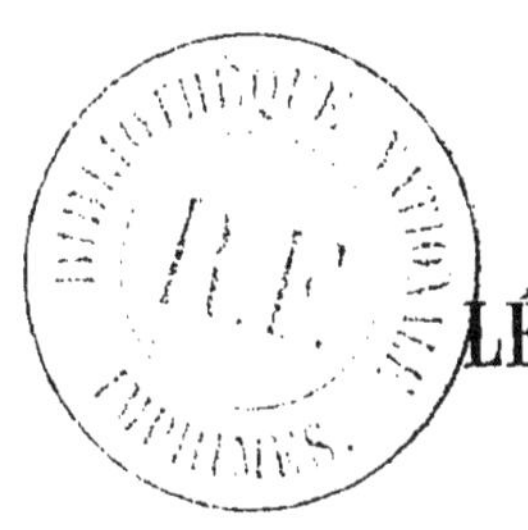

LÉON JOURNAULT

Représentant du Peuple

(SEINE-ET-OISE)

Un franc.

PARIS

L. LE CHEVALIER, ÉDITEUR

61, RUE DE RICHELIEU, 61

1874

LA
SECONDE CHAMBRE

I

La seconde chambre, si impatiemment sollicitée par le gouvernement, si péniblement élaborée par la commission des Trente, nous arrive cette fois avec un caractère spécial et nettement déterminé. Elle sera, pour le pouvoir exécutif, un moyen de supprimer la chambre des représentants, la chambre basse (car il paraît que la seconde chambre sera la chambre haute), quand la chambre des représentants ne donnera pas toute satisfaction au pouvoir exécutif. Voilà le projet, voilà l'intention. Sur ce point nul doute. La chambre haute sera un élément, un instrument de dissolution. La définition a été donnée par un journal ami du ministère : « la seconde chambre aura l'efficacité d'un coup d'Etat. » Formule admirable et dans sa sincérité et dans sa précision. Mais le journaliste, même le mieux pensant du monde, n'est jamais qu'une individualité sans mandat, tout comme un simple journaliste de l'opposition républicaine. Cherchons une autorité plus considérable; interrogeons M. le duc de Broglie lui-même, qui, député, conseiller général, ministre, réunit un grand nombre de mandats en sa personne. M. de Broglie ne dément pas sur ce point les explications du journaliste, et sans casser les vitres, comme une individualité sans mandat peut se le permettre, il apporte aux mêmes idées le témoignage de sa parole. Citons textuellement :

« L'intervention d'une seconde chambre est nécessaire pour que la séparation essentielle qui doit exister entre le pouvoir exécutif et le pouvoir législatif ne dégénère pas rapidement en un duel sans autre issue possible qu'une révolution ou un coup d'Etat. Deux pouvoirs revêtus d'attributions différentes et en contact perpétuel entrent aisément en lutte.... Il faut un intermédiaire qui serve d'arbitre aux deux pouvoirs, tranche leurs différents, et prévienne l'intervention soit de la force brutale, soit de la force armée.... On sait à quels entraînements subits, souvent contradictoires, est sujet le suffrage universel... Une élection générale tout entière peut être dominée par un entraînement irréfléchi de ce genre. Il peut être nécessaire au chef de l'Etat d'en appeler des électeurs égarés aux électeurs mieux informés. Une détermination de ce genre ne devrait être prise que d'accord avec les notabilités du pays dont la seconde chambre serait le rendez-vous. Nous proposerons donc ce partage du droit de dissolution fait entre le pouvoir exécutif et une des branches du pouvoir législatif. » (1).

Ce langage ne prête point à l'équivoque. Le journaliste et le ministre se donnent la main. Il s'agit d'organiser une seconde chambre qui fournisse au pouvoir exécutif l'appoint d'autorité nécessaire pour qu'il puisse congé-

____

(1) Discours prononcé par M. de Broglie devant la commission des Trente.

dier la chambre des représentants. C'est ainsi que M. le ministre se flatte de prévenir le conflit et de conjurer l'antagonisme.

L'objet est louable. Reste à savoir ce que vaut le moyen.

II

Le moyen (ceci est remarquable) ne se recommande d'aucun précédent. M. de Broglie n'hésite pas à le reconnaître. « C'est une attribution, dit-il, qui, dans aucun pays, n'a été conférée à aucune seconde chambre. » Elle apparaît donc pour la première fois dans le monde de la politique. L'expérience du passé n'a rien à y voir. Nous nous engageons sur un terrain inconnu.

Tout d'abord, cette nouveauté étonnait M. le ministre lui-même, qui en fait aisément l'aveu. Plus tard, il est revenu sur son étonnement. Il est vrai que l'idée avait été mise en avant par M. Dufaure, qui siégeait alors dans les conseils du gouvernement. Depuis cette époque, les situations ont changé : M. Dufaure a quitté le ministère, et M. de Broglie y est entré. Ces sens-dessus-dessous déplacent singulièrement les perspectives. Le chemin du pouvoir est assez souvent le chemin de Damas ; M. de Broglie, en saisissant le portefeuille, aura été touché de la grâce, et voilà sans doute comment il a trouvé tout simple, le 25 mai, ce que, le 23, il trouvait fort étrange.

Etrange combinaison, en effet, que celle qui, sous un régime républicain, subordonne l'autorité suprême, l'émanation directe et immédiate du souverain, à des autorités qui lui sont inférieures dans la hiérarchie gouvernementale. Cette hiérarchie ne sera probablement contestée par personne; elle ne le sera pas, en tout cas, par le maréchal-président de la République, qui, le 1er janvier dernier, suivant en cela la tradition de son prédécesseur, donnait l'ordre d'atteler de bonne heure et se rendait chez le président de l'Assemblée nationale, pour lui faire le premier la visite du nouvel an. Il inclinait ainsi sa haute autorité devant celle de l'Assemblée nationale, dépositaire du pouvoir souverain.

Tout cela est à vau-l'eau, avec le projet de M. de Broglie. La représentation nationale ne vivra plus désormais que d'une vie précaire, dans des conditions qu'elle ne pourra ni prévoir, ni prévenir; elle durera, si on le trouve bon ; elle disparaîtra, si on le préfère. C'est la subordination, c'est-à-dire la négation même de la souveraineté. Voilà, au point de vue des principes, le triste résultat du système auquel M. le ministre, étonné d'abord, mais converti bien vite, s'est définitivement rallié.

Le régime monarchique armait la couronne du droit de dissolution; mais en cela il était logique avec son principe. La monarchie plaçait la souveraineté dans le monarque. Or, sous une monarchie constitutionnelle (et nous n'avons pas à envisager d'autre éventualité, car nous ne supposons pas que les plus fougueux légitimistes songent à nous ramener Louis XIV en bottes de chasse et le fouet à la main), sous une monarchie constitutionnelle, alors que le parlement a le vote des lois et du budget, c'est dans le droit de dissolution que le monarque trouve la seule garantie de son pouvoir souverain ; autrement il n'a plus de la souveraineté que le nom, mais le parlement en possède la réalité. C'est à ce résultat, destructif de la monarchie, qu'était arrivée la Constitution de 1791, tout en respectant l'apparence monarchique. Elle imposait au roi la sanction des lois votées par l'Assemblée nationale, sauf un droit de *veto* qui n'obligeait pas la législature. Au *veto* royal la législature répliquait par une exigence impérative, et le roi s'inclinait. Que devenait, dans ces conditions, la souveraineté monarchique ? Une caricature du temps représente Louis XVI enfermé dans une cage et donnant des signatures. Léopold d'Autriche s'approche : « Mon frère, lui dit-il, que fais-tu-là? »—Mon frère, répond Louis XVI, je sanctionne. » Le monarque n'était plus en effet qu'une machine à sanctionner. Louis XVI le sentit si bien, qu'il écarta un jour deux barreaux de la cage, passa par l'ouverture et s'enfuit jusqu'à Varennes, où on le rattrapa. La royauté était finie. Il allait suffire d'un simple changement d'étiquette pour faire de la France une République.

Quand la Royauté revint en 1814, elle ne s'y trompa pas. Elle fit bon marché du *veto*, mais elle tint au droit de dissolution ; elle l'inséra dans la Charte. La Monarchie de juillet fit de même ; de même aussi l'Empire. Et aujourd'hui, alors que la souveraineté s'est déplacée, alors qu'elle a cessé d'appartenir au monarque pour résider dans la nation, c'est cet attribut essentiel de la souveraineté qu'on rétablirait sous la République, pour le tourner contre les représentants du souverain, contre le souverain lui-même !

Dans quel étrange chaos va nous jeter le système qu'on préconise ! Tous les disciples de Montesquieu, tous ceux qu'enchante l'agréable balancement des deux chambres, tous les admirateurs de la constitution anglaise (et M. de Broglie en est assurément), professent l'admiration la plus vive pour la théorie de la séparation des pouvoirs : — le législatif, l'exécutif, le judiciaire. C'est là une grande et respectable théorie. Si le pouvoir judiciaire est dans la main du pouvoir exécutif, la justice n'est plus qu'un mensonge et un instrument de despotisme ; si le pouvoir exécutif n'a pas la liberté de ses actes dans la limite de ses attributions, comment pourra-t-il en avoir la responsabilité ? Ne semble-t-il pas nécessaire d'assurer au pouvoir législatif la même indépendance ? Il n'en sera rien. Le pouvoir exécutif interviendra, quand il le voudra, dans l'action du législatif ; il y interviendra, sans doute, avec l'appoint d'une partie du législatif scindé en deux pour les besoins de la cause, mais de la partie la moins considérée, la moins autorisée, et cette intervention sera celle d'un maître.

De ces trois pouvoirs, celui qui semblerait fait pour dominer les deux autres, c'est le pouvoir législatif ; c'est lui qui prend les décisions que les autres exécutent, et qui trace, dans ces décisions, les règles mêmes de la société. Nul n'est plus grand, plus vénérable, plus auguste, — et c'est celui-là qu'on veut asservir !

III

M. de Broglie émet d'ailleurs, sur cette théorie des trois pouvoirs, certaines opinions qui n'eussent pas manqué d'étonner Montesquieu. Nous avons cité plus haut ses paroles : « Deux pouvoirs revêtus d'attributions différentes et en contact perpétuel entrent aisément en lutte. » C'est là une erreur profonde. Les chances de conflit sont d'autant plus rares, que les attributions sont plus différentes. Autrement, à quoi bon tracer avec tant de soin les limites des compétences respectives ? La constitution des Etats-Unis repose sur un principe tout autre, et c'est parce qu'elle a défini avec une précision extrême les limites des pouvoirs qu'ils vivent côte à côte, se coudoyant sans se heurter. Chacun a sa fonction, son rôle, chacun suit sa voie différente; il faudrait, pour qu'il y eût conflit, qu'il y eût parti pris de querelle.

La Constituante de 1848 voulut prendre modèle sur la constitution américaine, lorsqu'elle organisa les pouvoirs publics. Si l'essai n'a pas réussi, faut-il en rejeter la faute sur l'institution? Le législateur de 1848, en organisant la présidence, avait compté trouver pour cette fonction ce qu'a trouvé l'Amérique : un honnête homme. Il tomba sur Louis-Napoléon.

Qui sait s'il ne viendra pas un jour où la différence des attributions ne sera pas la seule garantie, et la plus efficace de toutes, contre les antagonismes, les coups d'État et les révolutions? Quand le sentiment du respect pour les lois du pays aura profondément pénétré les intelligences, quand chaque fonctionnaire n'aura d'autre pensée que d'accomplir scrupuleusement sa fonction sans empiéter sur celle du voisin, il suffira que chacun sache ce qu'il doit faire, et les divers pouvoirs publics pourront alors sans péril émaner directement de la nation, puisant dans cette communauté d'origine une égalité d'indépendance.

La différence des attributions n'engendre pas le conflit; elle ne le rend pas impossible (ce serait aller trop loin que de le dire), mais elle ne le suppose pas.

Ce qui est bien autrement à craindre, ce qui est vraiment à craindre, c'est de mettre en présence deux autorités investies des mêmes attributions, et de donner à l'une barre sur l'autre. Il y a là une provocation directe et infaillible au conflit, même si ces deux autorités sont issues d'une origine commune, ce qui devrait être pour elles un gage de conciliation. Elles ne manqueront pas néanmoins de se combattre, parce qu'elles auront été créées pour se combattre, parce que l'antagonisme sera la raison de leur coexistence, et qu'on n'échappe pas à la fatalité de son principe; mais combien le danger sera plus grand (car il semble qu'on ait voulu accumuler tous les périls), si chacune de ces autorités a une origine distincte dont elle pourra se targuer, en ravalant l'origine de sa collaboratrice, transformée en adversaire! On les entendra énumérer leurs titres. « Moi, dira l'une, je ne suis pas le produit informe du nombre brutal et de la force aveugle; je suis le produit savant d'un choix ingénieux et raffiné. On a réuni en moi, pour en faire un brillant amalgame, tout ce qu'il y a d'éminent dans la société française. J'ai les hauts dignitaires du clergé, de l'armée, de la magistrature, des lettres, des sciences, des arts, de l'industrie, de la naissance, de la propriété. Je représente l'intelligence et la richesse. » — « Moi, dira l'autre, je représente la nation. »

Et quand l'autre aura dit ce mot, tout acte, sous quelque nom qu'on le dissimule, de quelque voile qu'on le couvre, par lequel on essayera de lui fermer la bouche, sera un coup d'Etat. — Non pas, dit le ministre, ce sera l'application de la loi votée par l'Assemblée. — Arrêtons-nous ici un instant, car l'Assemblée nationale semble, en fait de législation, glisser sur une pente inquiétante.

Il y a une loi qui soumet l'avancement dans l'armée à certaines règles fixes. Deux jeunes gens de bonne famille se présentent et demandent qu'on abaisse pour eux les barrières légales. Ce sont, paraît-il, des jeunes gens exceptionnels et extraordinaires, les jeunes gens de cette naissance étant de droit considérés comme tels. Mais la loi est là, qui s'oppose à leur demande. N'est-ce que cela? On en fera une autre, et la légalité n'aura rien à dire, puisqu'on aura voté une loi tout exprès pour créer un privilége.

Il y a une loi qui garantit l'inviolabilité parlementaire. Qui sait si quelqu'enfant perdu de la réaction à outrance ne va pas demain proposer une loi qui suspende l'exercice de cette garantie pour les députés de la Gauche? Ce eera, là aussi, un privilége. Si par impossible la majorité nous l'accordait, elle n'en resterait pas moins fermement convaincue d'avoir respecté la légalité, puisqu'elle se serait donné la peine de faire une loi tout exprès pour abroger un principe. .

Ces lois-là portent, dans le vocabulaire politique, un nom qui les juge : elles s'appellent des lois d'exception.

Le jour où l'on aura voté une loi qui permette à une autorité quelconque ou à une collection d'autorités, si éminentes qu'elles puissent être, de balayer l'autorité suprême, c'est-à-dire la représentation nationale, on aura fait une loi d'exception.

Et pour conjurer les périls d'une situation si redoutable, il n'y aura plus qu'une espérance, c'est que dans cette chambre haute, combinée en vue d'un attentat légal, quelque magistrat scrupuleux se lève et rappelle à ses collègues le brocard de la vieille école : Il n'y a pas de droit contre le droit.

IV

Singulièrement faible sur le terrain de la théorie, le système de M. de Broglie sera-t-il plus solide sur celui de la pratique?

Ici M. de Broglie est plein d'assurance ; il n'y a plus, à l'entendre, ni 10 août ni 2 décembre possibles. Qu'il survienne un conflit, la chambre haute prononce, et tout s'apaise.

Les choses n'iront peut-être pas aussi facilement dans la réalité.

D'abord il n'est pas impossible que la chambre haute donne raison à la chambre basse. La chambre haute n'aura pas été créée dans cette intention, mais enfin on ne lui aura pas défendu d'avoir une conscience et de voter suivant sa conscience. Notre histoire parlementaire a vu de ces surprises. La Chambre des pairs, sous la Restauration, s'est parfois montrée plus rebelle aux sollicitations du pouvoir que la Chambre des députés. Et alors, ce ne sera plus l'apaisement, ce sera l'aggravation du conflit. Apparemment, le pouvoir exécutif n'aura pas adopté sans mûre réflexion cette grave mesure, d'inviter la chambre haute à trancher entre lui et la chambre des représentants. Si la décision de la chambre haute le condamne, quel froissement n'excitera-t-elle pas chez lui? ne le trouvera-t-elle pas disposé à la résistance et prêt à regimber ?

Admettons qu'il ne le fasse pas; admettons qu'il s'incline, comme ce sera son devoir, imagine-t-on que par cette condescendance il aura désarmé l'opinion? De quel œil sévère ne sera-t-il pas considéré par le pays? Comment! il aura provoqué une crise, la plus sérieuse que la constitution puisse prévoir, il aura contesté le mandat des représentants du peuple, et tout cela pour rien, sans motif, et tout le monde se prononcera contre lui, jusqu'à ses plus intimes amis, jusqu'à ses créatures! Il ne lui restera que deux partis à prendre : ou celui d'une démission humiliante ou celui d'un coup d'Etat. Redoutable alternative.

Mais revenons à l'hypothèse la plus vraisemblable. La hambre haute donnera raison au pouvoir exécutif; elle dissoudra la chambre basse. Est-ce que tout sera fini? Est-ce qu'on se figure que le pays accueillera un événement de cette nature avec le même calme et la même indifférence qu'un discours de M. le capitaine du Temple? Supposons qu'on évite la grande secousse, la guerre civile; il y a quelque chose qu'on n'évitera pas, c'est le trouble, l'anxiété, la stagnation des affaires, l'énervement du crédit, la diminution de la fortune publique, en face d'une éventualité prévue, annoncée d'avance, et dont nul ne pourra mesurer les conséquences inconnues. De ce chef, déjà, le remède qu'on propose est convaincu d'inefficacité.

Mais évitera-t-on la guerre civile? Loin de là. On en multiplie les chances, et la raison en est bien simple. Ce qui fait l'impossibilité, ou tout au moins la difficulté, de la guerre civile, c'est la soudaineté du coup porté. Il prend les partis à l'improviste, en désarroi. Personne n'est prêt. Représentant du peuple ou simple citoyen, on s'est couché la veille comme à l'ordinaire, et voici que l'un est réveillé au milieu de la nuit par un commissaire de police, voici que l'autre apprend la révolution par l'affiche placardée le matin au coin de la rue.

Là fut pour l'homme taciturne du 2 décembre le secret de la victoire. Paris s'éveilla garotté. Pourtant la victoire coûta cher au misérable héritier de brumaire; sur tous les points du territoire français, les bons citoyens, ralliés à grand peine, protestèrent à coups de fusils, et il ne fallut rien moins, pour dompter la capitale, que la hideuse boucherie du boulevard Montmartre.

Que sera-ce, quand on saura d'avance le jour et l'heure de l'évènement, quand on aura pesé à loisir le pour et le contre, quand les journaux auront retourné la question sous toutes ses faces, quand dans la chambre haute elle-même des orateurs auront démontré l'odieux de la mesure, quand ce débat aura duré plusieurs jours, plusieurs semaines, quand les esprits se seront échauffés, quand on se sera dit qu'en définitive, dans une démocratie, c'est la volonté régulièrement exprimée du peuple qui doit être obéie, quand on se sera demandé s'il est possible de laisser congédier si lestement les mandataires qu'on a choisis et de supporter d'un pouvoir républicain ce qu'on ne supporterait peut-être pas d'un pouvoir monarchique, quand on aura préparé les plans et les éléments de résistance ? — Il serait inutile d'insister. On frémit, quand on pense aux suites effroyables que le projet de loi porte dans ses flancs.

Insurrection coupable, insurrection criminelle ! Insurrection faite au mépris du droit et de la loi ! — Ces considérations théoriques, basées sur la légitimité d'une loi dont on contestera le principe, M. le ministre croit-il qu'elles puissent avoir sur les masses une grande influence ? Tant de naïveté entre-t-il dans l'âme des hommes d'Etat ? — Ce qu'on comprendra, ce qu'on ressentira, ce sera le fait immédiat, tangible, ce sera l'affront aux représentants du peuple, l'échec à la volonté nationale, et nous verrons alors passer subitement, du domaine de la discussion parlementaire, dans celui des réalités brutales, l'axiôme juridique vainement invoqué : il n'y a pas de droit contre le droit.

Le projet que le gouvernement nous présente n'est autre chose que l'organisation inconsciente, mais assurée, de la guerre civile. Et voilà ce qui explique pourquoi ce droit de dissolution, si commode en apparence, n'a jamais pris place dans aucune constitution. L'humanité n'a pas attendu jusqu'à ce jour pour produire de grands législateurs. L'idée préconisée par M. de Broglie a dû s'offrir, elle s'est assurément offerte à bien des esprits, préoccupés des conflits possibles entre les dépositaires des différents pouvoirs ; tous l'ont écartée, probablement parce qu'ils ont jugé le remède pire que le mal. Ils ont pressenti la guerre civile sous ce semblant d'organisation.

Le silence gardé par les constitutions antérieures est significatif. Il serait bon d'en tenir compte. Cette déférence n'a rien d'humiliant pour aucune personnalité. Dans des questions si graves, rien n'est plus sage, rien n'est plus opportun, rien n'est plus patriotique que d'ajouter à sa raison individuelle la raison collective des temps écoulés.

V

Allons plus loin.

La dissolution s'est opérée sans désordre. Le peuple a pris la chose en douceur. Les électeurs sont convoqués dans leurs comices, pour nommer une assemblée nouvelle. Que va-t-il se passer ? Tout est-il fini ?

Les constitutions monarchiques françaises (sau fcelle de 1791) ont constamment investi la couronne du droit de dissolution. La couronne n'a usé de ce droit qu'avec une extrême réserve, sentant combien une pareille arme serait dangereuse pour qui la manierait. La dissolution anticipée n'a jamais précédé que d'un espace très-court la dissolution normale arrivée par l'expiration du mandat législatif. Cette habitude n'a souffert qu'une exception.

C'était au commencement de 1830. La Restauration s'était engagée dans une voie où les esprits libéraux refusèrent de la suivre, et 221 députés déclarèrent au gouvernement qu'il faisait fausse route. Charles X répondit en dissolvant la Chambre et en provoquant de nouvelles élections. Les 221 furent tous réélus. On sait le reste. Peu de temps après, Charles X risquait le coup d'État de juillet, et, au bout d'une lutte de trois jours, le peuple de Paris lui signifiait sa déchéance.

L'exemple est frappant. La chambre congédiée reviendra en masse, mais elle reviendra plus âpre, plus exigeante, parce qu'elle aura puisé dans ce nouveau baptême une nouvelle autorité. Et alors que fera le pouvoir exécutif? Persistera-t-il dans ses idées? Prononcera-t-il encore une fois la dissolution, au risque d'élargir l'abîme? Acceptera-t-il sa défaite? Dans ce dernier cas, c'est sa déconsidération ; dans le premier, c'est sa perte.

Quand M. le duc de Broglie parle d'en appeler « des électeurs égarés aux électeurs mieux informés, » M. le duc de Broglie prend pour vérité une chimère. Par cela seul qu'on les aura traités d'égarés, les électeurs tiendront à montrer qu'ils ne l'étaient pas. Le suffrage universel est susceptible et tenace : il n'admettra pas qu'il se soit trompé dans l'élection d'une assemblée tout entière.

Il semble néanmoins l'admettre pour l'Assemblée actuelle, à en juger par le caractère persistant des élections partielles, qui sont autant de protestations contre l'esprit de la majorité législative; mais il faut observer que si les électeurs se séparent chaque jour davantage de l'Assemblée actuelle, c'est parce qu'ils lui contestent l'usage qu'elle fait de son mandat, c'est parce qu'ils prétendent qu'elle l'a étendu arbitrairement. Voilà pourquoi chaque élection est un désaveu, et c'est là en même temps ce qui prouve la ténacité populaire; elle ne se lasse pas ; elle oppose entêtement à entêtement; à chaque affirmation de l'Assemblée, elle répond par une dénégation.

Tel est donc le résultat auquel aboutit le système : il place en face l'un de l'autre deux pouvoirs exaspérés l'un contre l'autre. La commission des Trente a compris la conséquence ; elle s'en est effrayée, et, n'osant ni reculer devant son œuvre, ni la pousser jusqu'au bout, elle s'est contentée de poser la question sans la résoudre: « Convient-il d'attribuer à la Chambre haute la plénitude du pouvoir législatif? »

Voilà où elle en arrive : à la suppression de la repré
sentation nationale ; voilà par quelle porte elle songe à
sortir de l'inextricable dédale où elle s'est fourvoyée.
L'impossibilité pour le pouvoir exécutif de se retrouver
en présence de la représentation nationale, et par suite
la possibilité de gouverner sans représentation nationale, cela devient une éventualité qu'on prévoit, un problème qu'on pose, une solution qu'on soumet à l'examen. Que pourrions-nous dire qui fût plus concluant ?
Et quelle démonstration serait plus éloquente que
celle dont nous sommes redevables à nos adversaires ?
Eh bien ! qu'on examine ! nous ne demandons pas
mieux. Quoique l'ordre moral nous ait fait de l'étonnement une habitude, nous ne pouvons croire qu'il aille
jusque là, qu'il pousse à ce point l'oubli des traditions
individuelles et paternelles, qu'il s'inflige à lui-même ce
démenti, en infligeant cette servitude à la France.

Mais, s'il ne va pas jusque là, le point d'interroga-
tion posé par les Trente subsiste, et la solution manque.

VI

On paraît attacher quelque importance à une question absolument secondaire : le droit de dissolution
sera-t-il attribué aux deux chambres ? — Si la chambre
haute a le droit de dissolution contre la chambre basse,
qu'importe que la chambre basse soit investie d'un
droit réciproque ? La chambre des représentants sera-t-
elle moins atteinte dans sa dignité, moins menacée dans
son indépendance ? Et puis, quelle confusion ! Se figure-

t-on ces deux assemblées destinées à se combattre, puisque leur antagonisme, nous l'avons dit plus haut, sera leur raison d'être, — se les figure-t-on enveloppant le pouvoir exécutif et cherchant chacune à le mettre dans son jeu, comme l'élément nécessaire à sa victoire ? Et se figure-t-on le rôle du pouvoir exécutif entre ces deux assemblées rivales ? — Au surplus, ce droit de dissolution en partie double ne paraît pas rentrer dans les prévisions ministérielles. Le gouvernement répugne à tant de gâchis. Cela vaut qu'on le félicite : le désordre ne répare pas l'attentat.

VII

Le projet gouvernemental, indépendamment des dangers qu'il renferme, n'est rien moins qu'une atteinte au suffrage universel. Il y a une indélicatesse politique à placer les électeurs entre l'usage de leur droit souverain et les conséquences que peut entraîner cet usage, si les choix qu'ils auront faits dans leur indépendance n'obtiennent pas l'assentiment du pouvoir. Le suffrage universel n'existe que dans sa liberté plénière ; tout ce qui le gêne et l'effarouche le dénature et l'altère, et il cesse alors d'être cet instrument pacificateur dont l'œuvre s'impose à tous, parce qu'elle est l'expresssion sincère de la volonté commune.

VIII

M. de Broglie ne revendique pas la paternité de l'invention; il la rejette sur M. Dufaure et sur M. Thiers. Soit! n'est-ce pas aussi M. Thiers qui avait fait de M. de Broglie un ambassadeur de la République?

M. Thiers n'ignore pas quelle sympathie et quel dévouement lui portent les députés de la Gauche; il sait que nous avons toujours considéré le 24 mai comme une catastrophe, parce qu'avec sa grande expérience des affaires, avec son grand cœur de patriote, M. Thiers nous paraissait l'homme désigné pour asseoir en France le régime républicain; mais il sait aussi que sur bien des points ses idées ne sont pas les nôtres. Beaucoup d'entre nous ne partagent pas ses opinions sur les deux chambres, et s'il était resté à la tête du gouvernement, s'il eût porté lui-même le débat à la tribune, il eût trouvé dans nos rangs plus d'un contradicteur.

M. Thiers, soutenant le système des deux chambres, reste fidèle aux habitudes de sa longue et glorieuse carrière; il a vécu entre la Chambre des députés et la Chambre des pairs, entre le Corps législatif et le Sénat. Il y a néanmoins un point qui étonne de la part de M. Thiers, dans l'ensemble des projets constitutionnels présentés par lui : comment se fait-il que M. Thiers, qui n'est pas un novateur, qui n'aime pas les innovations et qui s'en méfie, ait innové à son tour en proposant d'attribuer à une des chambres ce droit de dissolution qui n'avait jamais figuré dans aucune charte constitutionnelle? n'y aurait-il pas eu là quelque motif particulier, et ce motif n'aurait-il pas été, par hasard, le désir d'en finir avec une situation douloureuse, dont nous apprécions comme lui les difficultés sans pouvoir les vaincre? — M. Thiers, chef du gouvernement républicain, sentait son gouvernement battu en brèche par les intrigues de la majorité monarchique, et il se disait peut-être que si, de lui ou de l'Assemblée, l'un des deux devait céder la place à l'autre, il valait beaucoup mieux, pour le bien du pays, que ce fût l'Assemblée. Avait-il raison de le croire? Ce qui est certain, c'est que beaucoup de gens partageaient cette manière de voir. — Or la création d'une seconde chambre, investie du droit de dissolution conjointement avec le pouvoir exécutif, pouvait fournir le moyen d'arriver à la solution si désirable. Il y avait là peut-être, pour M. Thiers, moins une institution proprement dite qu'un expédient nécessaire.

Mais si telle pourrait être accidentellement la préoccupation de M. Thiers, entraîné comme à son insu au delà de sa pensée réelle sous l'empire du péril pressant, aucun motif de ce genre ne peut exister pour M. le Vice-Président du Conseil. M. le Vice-Président doit tout à l'Assemblée nationale, et, quoique son obligé, il est tout puissant sur elle; il ne lui a jamais rien demandé qu'elle ne lui ait donné au centuple, il n'a qu'à monter à la tribune et qu'à prononcer les deux mots magiques : « péril social ! » pour qu'elle le couvre de fleurs.

M. le duc de Broglie penserait-il à se séparer d'une Assemblée si dévouée, si fidèle? Nourrirait-il quelque arrière-pensée secrète? Songerait-il à l'engager dans une voie où il pourrait craindre qu'elle refusât de le suivre? Formerait-il quelque projet mystérieux qui pourrait tourner contre lui-même, s'il n'avait d'avance pris ses précautions? Si nous étions la majorité, nous ne serions pas sans quelqu'inquiétude. Quoi qu'il en soit de ces petites conspirations, en admettant qu'elles existent, si elles devaient avoir pour résultat de hâter un peu la dissolution de cette Assemblée, nous nous en consolerions.

IX

Abordons maintenant un autre ordre d'idées.

Pour être, aux yeux du gouvernement, l'intérêt primordial qui s'attache à la création d'une seconde chambre, le droit de dissolution n'est pas le seul intérêt que le gouvernement accepte ou recommande.

Deux autres intérêts le sollicitent.

Le premier, c'est d'éviter « le danger des résolutions précipitées et des décisions soudaines prises, sans retour possible, dans une assemblée unique. Ce danger, ajoute M. de Broglie, est très-évident et nous en avons chaque jour la preuve. Avec une Assemblée animée de l'esprit le plus conservateur, et où toutes les inspirations sages dominent, nous sommes toujours à la veille de voir éclater une crise politique à la suite d'une décision d'urgence. »

Au surplus, M. de Broglie n'attache à cet intérêt qu'une importance médiocre. « Si c'était là, dit-il, le motif unique de la division du pouvoir exécutif en deux chambres, il suffirait, pour y faire droit, de séparer les deux moitiés d'une même chambre par un couloir... Un conseil d'Etat bien composé pourrait presque rendre le même service qu'une seconde chambre. »

Le second intérêt, qui touche bien autrement M. le ministre, c'est d'empêcher que « le nombre, le nombre seul... décide à lui seul des destinées du pays. » Or, si une assemblée unique, issue du suffrage universel, « reste seule la source de tout pouvoir législatif, il n'y a d'autre principe de gouvernement que le nombre...

c'est le nombre, le nombre seul qui fait loi. » Et alors « ni les lumières, ni les capacités, ni l'expérience politique, ni les services rendus, ni l'illustration acquise, ni enfin ce grand intérêt de la propriété qui alimente le travail et soutient la richesse d'un grand pays, n'auront, au grand détriment de la chose publique, la part légitime qui leur revient dans le gouvernement. »

Il faut donc créer une seconde chambre qui s'ouvre à ce qu'on a appelé, à ce que M. de Broglie appelle : « La représentation des intérêts. » C'est cette chambre que M. de Broglie désigne à plusieurs reprises sous le nom de Chambre haute, et en faveur de laquelle la commission des Trente ressuscite le nom de Sénat.

Les sénateurs auront une double origine : les uns seront tirés par le pouvoir exécutif lui-même de diverses catégories spéciales ; les autres seront élus par un collége électoral spécialement constitué *ad hoc*.

Les grands contribuables et les « premiers dignitaires des différentes carrières » feront également partie de cette haute assemblée.

Quant à ses attributions, le Sénat partagera le pouvoir législatif à titre égal avec la chambre basse, et il aura sans-doute certaines attributions particulières, telles que la ratification des « traités et conventions, qui ne peuvent être bien appréciés qu'à l'aide de connaissances spéciales. »

Le tout indépendamment du droit de dissolution, que nous rappelons sans y revenir.

X

Il y a un homme qui s'est acquis une légitime réputation par ses études approfondies sur les questions constitutionnelles. Membre de l'Institut, membre de l'Assemblée nationale, membre de la commission des Trente, il exerce dans cette commission une influence considérable, qui serait plus considérable encore, si, siégeant au centre gauche, — sur les bancs les plus modérés du centre gauche, mais au centre gauche — il n'était, pour ses collègues de la droite, atteint et convaincu de radicalisme : c'est M. Edouard Laboulaye.

M. Laboulaye est, comme on sait, partisan déclaré des deux chambres. Est-il partisan de l'attribution à l'une de ces deux chambres du droit de dissolution ? S'est-il rallié en ce point aux idées de M. de Broglie ? C'est ce que nous ne savons pas bien clairement. Il paraît néanmoins certain qu'il n'y pensait guère à l'époque où M. de Broglie n'y pensait pas du tout.

Mais comme M. de Broglie, comme tous ceux qui se sont occupés de ces questions, M. Laboulaye voit dans l'établissement de deux chambres la satisfaction de deux intérêts d'ordre différent et de mérite inégal, dont il emprunte la définition à Rossi, et auxquels, suivant ce dernier, se réduit tout le problème (1).

Le premier est d'ordre social, car il se rattache à un principe d'organisation sociale. Il se base sur « l'inégalité

____

(1) La question des deux Chambres, par Ed. Laboulaye. *Revue des Deux Mondes* du 1er juin 1871.

des conditions, fait naturel, permanent, dont le législateur doit tenir compte », sur la nécessité de faire une place, dans la représentation de la nation, aux deux éléments de la société, à l'élément démocratique et à l'élément aristocratique; « autrement la majorité étouffera la minorité par la brutalité du nombre. » Les deux chambres formeront de la représentation nationale un tout complet. « La chambre haute ou Sénat représentera l'esprit de conservation, la tradition, la propriété; la chambre basse ou Corps législatif représentera les idées nouvelles, les intérêts nouveaux, le progrès, la jeunesse et la vie. »

Cet intérêt social répond très-exactement au second intérêt indiqué par M. de Broglie, à celui dont le ministre est très-particulièrement touché. Les mêmes mots se retrouvent sous les deux plumes.

L'autre intérêt relevé par M. Laboulaye d'après Rossi est un intérêt d'ordre politique, en ce sens qu'il n'est plus qu'une « question de convenance et de sagesse politique », s'appliquant à un corps constitué politiquement. « Une assemblée unique est exposée à tous les entraînements de l'heure présente, à tous les orages de la passion. Pour la garantir de sa propre faiblesse, il faut la diviser. Une double discussion, une double délibération donnent au législateur et au pays le temps de réfléchir, elles assurent la victoire de la raison. Dans cet ordre d'idées... à vrai dire, il n'y a ni chambre haute, ni chambre basse; il y a un seul Corps législatif partagé en deux sections. »

Nous rentrons ici dans la théorie du *couloir*, ironiquement expliquée par M. de Broglie; et là encore nous constatons que les deux esprits se rencontrent sur un terrain commun.

Ainsi, pour l'un et l'autre, deux intérêts conseillent le dédoublement du Corps législatif, deux intérêts dans lesquels tous les autres se résument et à l'examen desquels il suffira de borner la discussion :

Un intérêt d'ordre politique, assez froidement accueilli par M. de Broglie ;

Un intérêt d'ordre social, que M. de Broglie recommande chaudement.

Or, il se produit ici une circonstance bizarre. La température de M. Laboulaye au regard de ces deux intérêts est en raison absolument contraire à celle de M. le duc de Broglie : il brûle pour l'intérêt politique, et est de glace pour l'intérêt social.

XI

Tous deux répètent ensemble : il faut une seconde chambre. Tous deux sont d'accord sur la conclusion, mais sur les prémisses, ils ne s'entendent guère. S'il ne s'agissait que de l'intérêt social, M. Laboulaye ne voit pas trop pourquoi une seconde Chambre ; si l'intérêt politique était seul en jeu, M. de Broglie estime qu'on s'en passerait aisément.

Cette divergence nous autorise à croire que la discussion reste ouverte; nous ne saurions toutefois nous y risquer sans l'assentiment de M. Antonin Lefèvre-Pontalis, rapporteur de la commission des Trente. Pour M. Antonin Lefèvre-Pontalis, la discussion est superflue : « la division du parlement en deux chambres est, chez toutes les nations qui pratiquent sérieusement la liberté, un véritable axiôme politique. »

Axiôme à quel titre ? — Ce ne peut être au point de vue du droit de dissolution, puisque ce droit n'a encore été inscrit dans aucune charte. — Est-ce au point de vue de M. Laboulaye? Mais M. de Broglie nie. — Au point de vue de M. de Broglie? Mais M. Laboulaye conteste.

Axiôme est bientôt dit. Nous connaissons les axiômes mathématiques : la ligne droite est le plus court chemin d'un point à un autre; le tout est plus grand que la partie. — Nous connaissons les axiômes de la morale : ne fais pas à autrui ce que tu ne veux pas qu'on te fasse. — Ces propositions-là sont des axiômes, parce qu'elles s'imposent par leur évidence à tous les esprits et à toutes les consciences; mais la division du parlement en deux chambres est-elle une de ces vérités incontestables, devant lesquelles la discussion abdique?

A défaut de l'évidence rationnelle on invoque l'adhésion générale, l'exemple de l'Angleterre, de l'Italie, de la Suède, de l'Amérique, de la Suisse : pourquoi la France ne ferait-elle pas chez elle ce qui réussit chez les autres peuples?

Nous sommes bien loin de nier que l'institution de deux chambres soit un progrès libéral chez les peuples où le régime despotique est en vigueur. Que la Russie établisse chez elle les deux chambres : ce n'est pas la liberté qui protestera; mais, laissant de côté les états despotiques, est-il nécessaire de rappeler les différences essentielles et profondes qui séparent les monarchies, mêmes les plus libérales, des républiques, même les moins républicaines? C'est un lieu commun que d'insister sur le caractère particulier de chacun de ces deux régimes. Nous demandons qu'on nous permette de passer outre et d'écarter l'argument monarchique.

L'argument des états républicains est mieux à sa place. Néanmoins, si l'on voulait interroger l'histoire, on verrait que la plupart des républiques disparues ont fonctionné avec une seule chambre. Le sénat romain, qui était seul, ne faisait pas mal ses affaires, et le sénat de Venise connaissait assez bien son métier. Cela ne veut pas dire que la République de Venise fût le *nec plus ultra* des républiques ; mais à coup sûr, au milieu du chaos de l'époque, nul gouvernement n'était à la fois plus habile et plus soucieux des besoins populaires.

Restons avec nos contemporains. Sans remonter ce que M. de Lorgeril appellerait le fleuve du temps, passons le Jura, derrière lequel nous trouvons la libre Suisse, et l'Océan, derrière lequel nous rencontrons la libre Amérique. Mais, là encore, nous sommes forcés de décliner la comparaison. Faut-il rappeler que la Suisse et l'Amérique sont des états fédératifs constitués sur des bases absolument différentes de celles sur lesquelles repose notre organisation politique ?

Ces républiques renferment deux éléments distincts : l'élément fédéral, qui forme l'association, le lien, l'unité, garantissant à chaque citoyen de la confédération la même part de droits politiques ; — l'élément local, qui réserve la souveraineté particulière de chaque état ou canton. Ces deux éléments juxtaposés, parfois en antagonisme, ainsi qu'on l'a vu récemment dans les affaires de la Suisse, doivent être représentés l'un et l'autre dans le gouvernement ; ils y sont représentés, en effet, l'un et l'autre, l'élément fédéral par des députés élus, sans distinction de canton ou d'état, proportionnellement à la population ; l'élément cantonal par des députés élus en nombre égal par chaque état ou canton, quelle qu'en soit l'importance. De là les deux chambres, absolument nécessaires pour que les deux éléments constitutifs de la confédération soient également respectés.

Avons-nous rien de pareil en France ? Est-ce qu'aucun des éléments constitutifs de notre unité française y est entré sous réserve de sa souveraineté particulière ? Est-ce qu'il y a rien de commun entre nos départements et les cantons suisses ou les états de la confédération américaine ? Quand on veut faire des comparaisons, il faut d'abord choisir des objets comparables.

A l'argument mal venu des républiques fédératives, on en fait succéder un autre. Les divers états ou cantons qui composent ces républiques sont eux-mêmes des républiques, et parfois importantes, mais ce ne sont plus des républiques fédératives, ce sont des républiques unitaires : comment s'administrent-elles ?

En Suisse, chaque canton s'administre invariablement par une assemblée unique. Le peuple nomme directement un grand conseil qui s'appelle quelquefois le conseil du pays (*landsrath*) et dans les mains duquel repose l'autorité suprême ; ce grand conseil nomme ordinairement le pouvoir exécutif (*landammann*, petit conseil, conseil d'État, conseil de gouvernement); quelquefois le pouvoir exécutif est immédiatement nommé par le peuple.

Il n'en est pas de même en Amérique. Sauf les points de détail, chaque état particulier a réglé sa constitution sur le modèle de la constitution fédérale; il y a partout un congrès composé de deux chambres : le Sénat et la Chambre des représentants.

L'examen des constitutions américaines semble au premier abord donner raison à nos adversaires; mais il faut descendre un peu plus profondément dans l'étude de ces constitutions, et l'on reconnaîtra bientôt que la coexistence de deux chambres dans ces républiques unitaires provient de causes absolument spéciales à l'Amérique. Cette étude, nous ne pourrions, pour la faire, prendre un meilleur guide que M. Laboulaye, si compétent pour tout ce qui regarde la formation des constitutions américaines, dont il a écrit l'histoire. Nous sommes sûrs, du moins, qu'on ne le récusera pas (1).

Les constitutions des états particuliers de l'Amérique ne sont pas, à proprement parler, des constitutions républicaines; ce sont des constitutions monarchiques, lé-

---

(1) Laboulaye. — Histoire des États Unis.

guées par la monarchie à la République, et léguées avec
le prestige d'un fonctionnemént qui avait duré près de
deux siècles. Quand les colonies anglaises s'établirent sur
le sol américain, elles mcdelèrent leurs institutions sur
celles de la mère-patrie. L'Angleterre avait deux chambres,
celle des lords et celle des communes ; les colonies, au
moins le plus grand nombre, celles qui formaient des
gouvernements provinciaux, eurent deux chambres : la
chambre haute, nommée par la couronne, et la chambre
basse, où siégèrent les représentants des *freemen* ou
planteurs. La couronne intervenait en outre dans la
constitution de ces sociétés quasi-indépendantes par la
nomination du gouverneur, dont la chambre haute était
le conseil privé.

Cet état de chose dura plus de cent cinquante
ans ; il fonctionna au contentement général , si
bien que, quand la République vint briser le lien qui
rattachait les colonies à la métropole, on résolut, par
une convention tacite, de toucher le moins possible aux
institutions ; on se contenta de les accommoder à la
forme nouvelle. Ce n'est plus de la couronne qu'on
attendait le gouverneur et la chambre haute, mais on
maintint le gouverneur et la chambre haute. Ainsi se
perpétuèrent les deux chambres, par l'habitude et la re-
connaissance : on leur savait gré de ce qu'elles avaient
fait. Ce fut là un grand exemple de sagesse, et le peuple
de Philadelphie accentua cet exemple en refusant à
Franklin, qui revenait de France, tout imbu des idées de
Turgot sur la chambre unique, d'abandonner, pour les
idées nouvelles, les traditions qu'il tenait de ses pères.
En agissant ainsi, ce Tout-le-monde, qui a en France
plus d'esprit que Voltaire, montra qu'il avait en Amérique plus de bon sens que Franklin.

Telle est la vérité sur les constitutions américaines.
Elles s'expliquent par leur histoire. Elles ne sont pas un
argument, elles sont un monument.

Au lieu de copier servilement les Américains, que ne cherchons nous à leur emprunter un peu de ce sens pratique, avec lequel ils ont su amalgamer les institutions paternelles aux besoins nouveaux? Ce ne fut pas seulement chez eux piété filiale, ce fut aussi un sentiment approfondi de leur tempérament politique. Le caractère des peuples se modifie très-peu sous la mobilité des formes gouvernementales. Nous avons nos traditions, nous aussi, héritiers de générations républicaines qui ont travaillé pour nous en travaillant pour elles. Remontons à ces sources, interrogeons notre passé avec une respectueuse indépendance, et demandons conseil à notre histoire.

XII

Nos traditions libérales ne remontent pas fort loin; elles ne sont pas encore centenaires. Elles commencent le jour où la monarchie, épuisée par ses excès, sent qu'elle a besoin d'appeler la nation à son aide, et sent à l'instant même qu'il lui faut compter avec la nation. Elles se continuent alors avec des fortunes diverses, tantôt victorieuses, tantôt vaincues, mais toujours, même aux plus mauvais jours du despotisme, alors que le fil semble se rompre, il est possible de le ressaisir et d'en renouer les deux bouts.

M. le rapporteur de la commission des Trente invoque aussi la tradition française; il la voit dans la constitution de l'an III, dans celle de l'an VIII, dans les sénatus-consulte de 1804 et de 1852, dans la Charte de 1814 et de

1830. La tradition n'est pas là; elle n'y est pas par une raison péremptoire, c'est qu'à aucune de ces époques, ce n'est la liberté, ce n'est la nation qui a la parole, c'est la réaction, se produisant tantôt sous la forme républicaine, tantôt sous la forme monarchique. En l'an III, ce sont les hommes de thermidor, cette faction composée d'avidités et de rancunes, dont on retrouvera plus tard les débris dans les chambres et les antichambres du despotisme; en l'an VIII, c'est l'ingénieux abbé Sieyès, qui, sous l'œil du premier Bonaparte et sous l'affolement de la peur que la Révolution lui inspire, échafaude une chinoiserie constitutionnelle où le sens commun perd ses droits; la charte *octroyée* de 1814 nous arrive, suivant une expression devenue banale, dans les fourgons de l'étranger, et ce n'était pas pour la maintenir au profit d'une branche cadette que les combattants de juillet prenaient les armes. On nous permettra de passer sur les sénatus-consulte impériaux. Nulle part, pas plus en thermidor qu'en brumaire. pas plus en 1814 qu'en 1830, en 1804 qu'en 1852, la tradition n'apparaît, parce que nulle part il n'y a volonté libre et libre choix.

Nous venons de voir comment ils naissent, ces régimes en dehors de l'esprit national : voyons comment ils finissent. Le Directoire ne retarde sa chûte par le funeste coup d'État de fructidor, qui montre aux armées le chemin des parlements, que pour expirer en brumaire moins sous l'épée d'un soldat que sous la lassitude publique. L'Empire, maudit au nom de la liberté par les hommes dont il a peuplé ses assemblées muettes, lègue à la Restauration une France qu'il a décimée à force de victoires et diminuée à force de conquêtes. La Restauration tombe sur un parjure; la Quasi-restauration s'effondre, victime d'un entêtement sénile qui perd tout pour ne rien vouloir accorder; le second Empire, né du crime, meurt dans la honte.

Et pas un regret n'accompagne ces souverains qui

partent; seul, le premier empereur trouve sur son passage l'écho des sympathies publiques, parce que la nation pleure en lui la patrie vaincue, l'homme qui, ayant pu donner la prospérité à la France, lui avait au moins donné la gloire; mais les autres! qui les plaint? qui songe à les défendre? quel bras s'arme pour eux dans les rangs du peuple? Ils n'ont pour cortége que des railleries et des insultes : la tradition n'est pas là, la nation n'est pas là.

Elle a aussi ses échecs, la tradition française, elle a aussi ses revers, mais ils sont honorables et dignes de son berceau. C'est le 20 juin 1789 qu'elle prend naissance, dans une froide et vaste salle autour de laquelle siffle la tempête et que le patriotisme échauffe. Bailly est debout sur une table, recevant le serment de ses collègues du tiers. Ils jurent que la patrie est avec eux, et ils appellent à eux leurs collègues du clergé et de la noblesse. Ceux-ci hésitent d'abord, puis ils se décident. L'unité législative française est faite, et de cette unité sort cet admirable ensemble de lois et de formules qui résume les principes de la Révolution. Le vieux moule est à jamais brisé; on sent qu'une nouvelle ère commence, et que si le monument n'est pas fait de toutes pièces, il repose du moins sur de fermes assises. La grande Assemblée a une telle foi dans son œuvre qu'elle l'abandonne après l'avoir faite et qu'elle interdit à ses membres l'accès de la législature qui va lui succéder. Son œuvre en effet doit lui survivre; depuis 85 ans, c'est autour des principes posés par elle que les partis se livrent bataille.

Entre la démocratie qui monte et la monarchie qui s'abaisse, la Législative flotte incertaine. Elle ne manque pourtant ni de grands talents, ni de grands courages. Elle parle par la bouche de Vergniaud, elle écrit par la plume de Condorcet, elle n'hésite pas à lancer la France sur l'Europe, et elle laisse derrière elle, dans le célèbre manifeste de 1792, la plus éloquente revendication qu'on ait faite des droits d'un peuple libre qui ne permet à aucune main étrangère de se poser sur sa souveraineté.

Cette revendication annoncée par la Législative, la Convention l'exécute. Tandis qu'elle affirme ses principes par l'immortelle déclaration des droits de l'homme, étendant ainsi à l'humanité entière le bénéfice des vérités proclamées par la France, elle défend la patrie aux frontières ; elle se déchire elle-même sans s'affaiblir ; elle écrase à la fois la coalition européenne et les factions intérieures, et, partout victorieuse, elle abdique au bruit du canon de vendémiaire.

Ici la tradition se brise, pour reparaître en 1848 dans cette nouvelle Constituante qui fut par excellence l'assemblée honnête et qui eut cette honnêteté suprême, de remettre son mandat dans les mains qui le lui avaient confié, le jour où il lui sembla que l'opinion publique l'invitait à la retraite.

La Législative qui lui succède tombe dans la chausse-trappe de Décembre, mais elle honore son dernier moment. Elle proteste au palais Bourbon, elle proteste à la mairie du 10⁰ ; de toutes parts on proteste à son exemple, non pour elle que ses tendances monarchiques ont discréditée, mais pour le droit qu'elle représente et pour la souveraineté dont elle a le dépôt.

Voilà où est la véritable tradition : elle est dans ces assemblées uniques, qui naquirent librement de la volonté nationale, qui vécurent en la respectant, qui moururent soutenues par elle.

Il y a en France une sorte d'instinct public qui s'attache à l'unité législative, qui établit une corrélation intime entre cette unité et l'unité de la nation. Cet instinct proteste contre la dualité parlementaire ; il y voit une création artificielle, il s'en méfie comme d'une œuvre d'imagination en désaccord avec la réalité des choses.

C'est ce que pensait Sieyès au début de la Révolution, alors qu'il était lui-même, le Sieyès du Jeu-de-Paume :

« La loi, disait-il, est la volonté du peuple ; un peuple ne peut pas avoir en même temps deux volontés différentes sur un même sujet : donc le Corps législatif, qui représente le peuple, doit être essentiellement un. »

C'est ce que disait Lamartine en 1848, lorsqu'il conjurait l'Assemblée constituante d'écarter l'exemple tiré de la constitution américaine : « Une chambre française, disait-il, doit-elle faire représenter des éléments fédéraux qui n'existent pas chez nous ? Non, mille fois non ! vous introduiriez une imperfection fédérale dans l'unité de la représentation de la France. »

C'est ainsi que le débat s'ouvre et se ferme, par ces paroles de deux grands esprits, à soixante ans de distance.

XIII

Ces paroles touchent peu M. Laboulaye. A l'abbé Sieyès, à Lamartine, il oppose Lafayette, Clermont-Tonnerre, Tocqueville, Odilon-Barrot ; il oppose M. Thiers ; mais ni Lafayette, ni Clermont-Tonnerre, en 1789, ne songeaient à créer des institutions en vue d'un établissement républicain, et, en 1848, alors qu'ils défendaient les deux chambres, MM. Odilon-Barrot et Thiers avaient certainement dans l'esprit, sinon des arrière pensées, du moins des préventions monarchiques. Or, ce qu'il s'agit de créer aujourd'hui, c'est un établissement républicain ; des opinions basées sur la préoccupation d'un régime tout autre ne nous semblent pas faites pour emporter la conviction.

M. Laboulaye n'admet pas le raisonnement de Sieyès. « Tout, dit-il, y porte sur une équivoque. Sieyès a confondu la loi faite et la préparation de la loi, deux choses foncièrement différentes.... Qu'il y ait une seule chambre.... qu'il y en ait deux.... le résultat final est toujours le même, c'est la promulgation d'une seule et même loi. » — Sieyès répondrait, s'il avait la parole, qu'il n'a fait aucune confusion, qu'aucun gouvernement ne peut, sans doute, admettre la promulgation simultanée de deux lois contradictoires, mais qu'il peut se produire, dans deux assemblées, au sujet d'une même loi, des opinions contradictoires, et que, par suite, il peut se glisser dans cette loi certaines dispositions qui s'étonneront grandement de s'y voir accouplées.

M. Laboulaye n'est pas tendre pour les amis de la chambre unique ; il les bat sur le dos de Sieyès, dont le raisonnement, dit-il, « est le *credo* des esprits faux et bornés. » Quand ces esprits faux et bornés s'appellent Turgot, Franklin, Sieyès, Condorcet, Cormenin, Lamartine (pour ne parler que de ceux qui ne sont plus), on peut se commettre en pareille compagnie.

La Constituante de 1848 ne trouve pas grâce devant lui. Elle a été entraînée par l'esprit d'une révolution historique et théâtrale, toute pénétrée des grands souvenirs évoqués par Lamartine dans son *Histoire des Girondins*. « Il fallait une assemblée unique en 1848, parce qu'il n'y avait qu'une assemblée en 1793. » Ce n'étaient là que des préjugés « jacobins. »

Le mot jacobinisme appartient au même vocabulaire que le mot axiôme. Cela déconcerte l'adversaire et prévient la discussion. Au reste, la discussion n'est pas fort opportune : il n'y a pas besoin d'argumenter longuement pour défendre Turgot, Franklin. ou Condorcet du reproche de jacobinisme.

XIV

Revenons aux préoccupations formulées par M. le duc de Broglie et par M. Laboulaye, à ces deux intérêts d'ordre social et d'ordre politique qui les tourmentent, l'un et l'autre, quoiqu'à des degrés différents.

Pour M. de Broglie, la grande préoccupation, c'est le besoin de faire une place, dans la représentation du pays, à certains éléments que la loi du nombre peut négliger et doit nécessairement négliger d'introduire dans une chambre unique. La chambre haute recevra ce qu'il appelle la « représentation des intérêts. »

Mais quels sont donc les intérêts qui n'auront pas accès dans la chambre unique ? S'imagine-t-on que les capacités administratives ou scientifiques en seront exclues ? Craint-on que la propriété n'y ait pas une représentation suffisante ? Il ne faut pas prétendre assurément que le choix des électeurs embrassera, sans en oublier un seul, tous les mérites qui se présenteront au suffrage universel ; il y aura des oublis fâcheux, des exclusions regrettables ; il y aura des vides difficiles à combler, d'accord ; est-ce à dire que l'assemblée sera réduite à l'impuissance et incapable en masse parce que telle capacité individuelle lui manquera ?

Et puis, quelle présomption étrange de se poser ainsi en mentor du suffrage universel, de décider qu'il s'est trompé dans tel choix, de le morigéner, de lui faire la leçon, de le corriger ! Il y a là une singulière audace, il y a là un danger réel. Que sera cette chambre haute, destinée à recueillir les épaves du scrutin, sinon une sorte de Salon des refusés? On ne manquera pas de dire que, faite en dehors du peuple, elle est faite contre lui : à peine formée, elle sera suspecte.

Ce qu'elle représentera en réalité, ce ne seront pas des intérêts collectifs, ce seront des intérêts individuels ; ce sera l'intérêt d'un grand contribuable, dont la fortune n'aura pas paru aux électeurs un titre suffisant, l'intérêt d'un ancien fonctionnaire, plus discrédité peut-être que recommandé par ses travaux, l'intérêt de quelque magistrat qui aura rendu moins d'arrêts que de services.

Et c'est dans une assemblée ainsi suspecte qu'on placera le contre-poids de la chambre élective ! C'est pour créer une assemblée pareille qu'on cherche à ressusciter une aristocratie dont les éléments font défaut !

Ce sera bien en effet une chambre aristocratique, quoique M. de Broglie évite avec grand soin de prononcer le mot ; mais il suffit que la chose y soit. Qu'est-ce qu'une assemblée aristocratique, si ce n'est celle qui se recrute dans le personnel restreint des prétendues sommités sociales, qui relève d'une catégorie particulière d'électeurs, et qui ne se mêle aux élus du suffrage universel que pour les tenir sous sa surveillance ?

A quoi donc répond-elle chez nous, cette aristocratie ? M. Laboulaye intervient ici avec une haute raison : « Pour faire, dit-il, la part de l'aristocratie dans le gouvernement, la première condition, il est naïf de le dire, c'est qu'il y ait une aristocratie. Croit-on que la loi puisse créer une pareille institution chez un peuple qui a pour l'égalité une passion jalouse ? » Et il arrive à cette conclusion, c'est qu'après les expériences tentées infructueusement de 1814 à 1852, « il n'est plus permis en France de faire de l'aristocratie un élément de la société et du gouvernement. »

Mais ce n'est pas assez, pour le pouvoir exécutif, du recrutement spécial et de l'électorat particulier ; il lui faut davantage ; il lui faut une intervention directe : il faut que dans cette chambre aristocratique il ait encore ses hommes à lui, ses créatures, qu'il les nomme lui-même, qu'il les impose, et qu'à cette assemblée, contre laquelle tant de méfiances s'élèvent, il vienne, à son tour, donner une preuve de méfiance : comme s'il était jaloux de ruiner lui-même son ouvrage !

Après tout, ces choses se passent en France et entre Français ; si la nation veut accepter ce système, elle en a le droit, c'est son affaire ; mais voici qui est plus fort : c'est à la chambre haute qu'on propose d'attribuer le droit de ratifier les traités ; elle seule, dit M. de Broglie, possède à cet égard les connaissances spéciales.

Deux nations sont en lutte. Débat sanglant ou pacifique. Il s'agit d'y mettre un terme, de signer un traité de paix ou un traité de commerce. Y a-t-il rien qui exige à un plus haut degré l'accord des deux nations ? Eh bien ! la nation française n'interviendra pas au contrat ; le traité sera signé par les représentants du privilége. Il semble néanmoins que dans ces circonstances le nombre soit quelque chose, et les gouvernements étrangers pourraient bien être de cet avis ; ils pourraient bien se dire que les traités ont besoin de s'appuyer sur une large base et que la signature de quelques-uns ne vaut pas la signature de tous.

Pour ces raisons, dont la plupart appartiennent à M. Laboulaye, il nous semble que les préoccupations aristocratiques de M. de Broglie n'ont pas leur raison d'être, et que la Constituante à venir fera bien de les écarter.

XV

L'intérêt social écarté, reste l'intérêt politique.

M. Laboulaye, on se le rappelle, s'en est constitué l'ardent défenseur: il faut, suivant lui, diviser la représentation nationale pour la garantir de ses propres faiblesses, pour lui donner le temps de réfléchir, pour assurer la victoire de la raison.

M. de Broglie est frappé du même danger, du danger des résolutions précipitées et des décisions soudaines prises d'urgence et sans retour possible dans une assemblée unique.

Il est cependant impossible de nier que l'urgence ait parfois ses avantages. Telles affaires périclitent, si elles ne sont pas rapidement enlevées. Néanmoins, s'il s'agit de renoncer aux votes d'urgence, la Gauche ne protestera pas. C'est la Droite qui réclame l'urgence ; elle est pressée, sentant peut-être que le temps la presse. Qu'elle donne l'exemple, et elle sera suivie. La garantie des trois lectures est d'ailleurs, quoi qu'on dise, une garantie sérieuse ; nous pourrions citer tel projet de loi qui, après avoir heureusement doublé le cap des deux premières délibérations, a fait naufrage à la troisième.

Voilà donc une première garantie. M. de Broglie en indique une seconde, c'est la division de la chambre unique en deux sections. Tout cela lui paraît de nature à rendre à peu près superflue la création d'une seconde chambre. Il ajoute encore une troisième garantie, sur laquelle nous reviendrons dans un instant et dont nous nous bornons ici à prendre note, c'est la création d'un conseil d'État. Il nous suffit pour le moment de réfuter M. Laboulaye par M. de Broglie, comme nous réfutions tout à l'heure M. de Broglie par M. Laboulaye.

M. Laboulaye voit un autre danger dans la chambre unique, le plus menaçant peut-être à ses yeux : c'est la tendance au despotisme. M. de Broglie éprouve le même sentiment. Les précautions qu'il cherche à prendre contre la chambre unique témoignent des inquiétudes qu'elle lui cause, et il est facile de voir que ces inquiétudes lui sont en partie suggérées par le fait de l'Assemblée actuelle.

L'exemple est mal choisi : l'Assemblée actuelle est une exception, à raison des circonstances exceptionnelles où elle a pris naissance. Elle s'est trouvée seule debout au milieu des ruines ; elle a pris en main tous les pouvoirs, et elle a contracté dans cette dictature des habitudes de despotisme dont elle n'a pas su se corriger à temps. Elle s'est déclarée constituante, sans avoir été expressément investie du mandat constituant qui ne se présume pas ; elle s'est déclarée souveraine, alors qu'elle n'a que le dépôt de la souveraineté, dont le principe réside essentiellement dans le peuple ; elle s'est arrogé le droit de lier et de délier, et elle en use. Mais c'est là, nous le répétons, une situation exceptionnelle, et il ne faut pas raisonner avec des exceptions. C'est ce qu'enseigne la logique *in baroco* de la philosophie scolastique ; elle défend de conclure du général au particulier :

Asserit A, negat O, verum generaliter ambo.

Pour être ministre, on n'est pas dispensé d'observer la logique. Peut-on comparer l'Assemblée actuelle à une assemblée normale, régulière, constitutionnelle, investie d'un mandat déterminé et nommée pour un temps défini

Il faut donc laisser de côté cet exemple. Il faut également laisser de côté celui de la Convention. M. Laboulaye tombe à cet égard dans le travers qu'il reproche aux républicains ; il a toujours le spectre de la Convention devant les yeux ; il la voit dans le passé, il la voit dans l'avenir, et il s'effraie pour l'avenir de cette autorité formidable que lui montre le passé. A l'entendre, la constitution d'une chambre unique « conduit fatalement à la confiscation de la liberté, au despotisme. »

Ceci n'est pas exact pour la Convention : elle ne fut pas fatalement conduite au despotisme, elle le voulut ; elle le voulut si bien qu'après avoir voté une constitution, elle n'hésita pas à en suspendre l'exercice, voilant de ses mains, suivant l'expression du temps, la statue de la liberté pour sauver la liberté. Et comment eût-elle fait pour résister au choc effroyable qui fondait sur elle, avec Wimpffen à Caen, Charette à Nantes, Précy à Lyon, Hood à Toulon, Clerfayt à Valenciennes, Ricardos aux Pyrénées, Brunswick sur le Rhin ? Ce ne fut pas une fatalité qui la fit despote, ce fut une préméditation. Nous qui savons ce que c'est que le joug de l'étranger, ne reprochons pas à la Convention d'avoir su vaincre.

L'unité législative a d'ailleurs d'autres exemples à citer ; ni la Constituante de 1789, ni celle de 1848, ni la Législative de 1792, ni celle de 1849, ne se laissèrent entraîner sur cette pente ; peu d'assemblées furent aussi respectueuses des lois qu'elles avaient faites ou en vertu desquelles elles fonctionnaient. Néanmoins M. Laboulaye craint le despotisme d'une assemblée beaucoup plus que celui d'un prince : « Un prince, dit-il, se sent responsable devant l'opinion et devant l'histoire, tandis qu'une assemblée est une puissance anonyme et sans responsabilité. » — Soit ; mais la tentation est bien autrement forte pour un prince, avide d'un pouvoir sans partage et sans terme, que pour une assemblée, où la souveraineté, essentiellement temporaire, s'émiette sur tant de têtes qu'elle finit par s'anéantir dans chaque individualité.

L'expérience des faits accomplis est un arsenal commode où chacun trouve à peu près ce qu'il y cherche. On s'étonne qu'un esprit comme M. Laboulaye s'y attache obstinément. Il a horreur des « métaphysiciens, » de ceux qui « font de la politique comme on fait de l'algèbre, avec des abstractions et des raisonnements. » Ne faut-il pas pourtant raisonner avant de décider? Ne faut-il pas d'abord peser le pour et le contre? et faut-il croire que les choses sont d'autant plus justes dans la pratique qu'elles le sont moins dans la théorie?

S'il y a une constitution au monde qui soit l'œuvre d'un travail intellectuel, c'est bien la constitution anglaise, avec ce mécanisme compliqué dont Montesquieu a fait une si profonde étude. Est-ce là une preuve en sa faveur? M. Laboulaye serait inconséquent de l'admettre, et pourtant il reconnait et nous reconnaissons avec lui que la constitution anglaise est à sa place: elle a le goût du terroir. *Locus regit actum*. Mais, il faut bien en convenir, ce qui est simple, ce qui est naturel, ce qui va de soi-même en France, avec nos habitudes centralisatrices, avec notre unité administrative, avec notre unité de législation, avec notre unité politique, c'est l'unité parlementaire. On n'en peut sortir que par un effort d'esprit.

Ceci dit, empressons-nous de reconnaître que les critiques de M. Laboulaye ne sont pas vaines; il peut y avoir, il y a selon nous une exagération dans ses craintes; mais elles sont fondées dans une certaine mesure, et il est nécessaire d'en tenir compte.

M. Laboulaye redoute les emportements d'une assemblée unique; peut-être serait-il plus exact d'en redouter l'inexpérience, ce qui est, au fond, la même chose sous un nom différent. Une assemblée unique doit en effet renfermer dans son sein les représentants de la société tout entière : elle n'aura pas seulement des législateurs, elle aura des savants, des industriels, des artistes. Cet ensemble est-il bien propre à préparer la confection d'une loi, à la discuter, à la voter en connaissance de cause ? Il est permis d'en douter.

M. Laboulaye craint les tendances absolutistes d'une assemblée unique. N'est-il pa⚫ possible, en effet, qu'une assemblée unique, sentant vibrer en elle l'écho de la volonté nationale, n'admette ni résistance ni atermoiement, et ne soit tentée de considérer toute contradiction, même la plus respectueuse, comme un acte de rébellion ? Il est permis de le craindre.

Ces doutes et ces craintes sont légitimes. Mais ce dont il est également permis de douter, c'est que l'institution d'une seconde chambre soit le remède efficace. Le remède existe pourtant, et ce sont nos adversaires eux-mêmes qui vont nous en livrer le secret. Demandons-le à M. de Broglie d'abord. Nous le demanderons ensuite à M. Laboulaye.

XVI

M. de Broglie a dit le mot. Il a parlé d'un conseil d'État.

Supposons, en effet, qu'aucun projet de loi, soit qu'il émane du gouvernèment, soit qu'il émane de l'initiative parlementaire, ne puisse arriver à la discussion devant la chambre sans avoir passé par l'étamine du conseil d'État : est-ce que la plupart des objections faites par M. Laboulaye ne tombent pas d'elles-mêmes ? Il n'y a plus là ni précipitation, puisqu'il y a réflexion profonde, élaboration double, — ni inexpérience, puisqu'il y a travail préparatoire d'un corps spécialement constitué. C'est toujours la représentation nationale, la chambre élue, qui vote et qui décide; mais elle n'est plus livrée à elle-même, au hasard de ses inspirations, au tumulte d'une séance publique, à la fatigue de ses nerfs; elle a un guide qui marche devant elle et qui la prévient des mauvais pas.

Un conseil d'État « bien composé, » dit M. de Broglie. Et il faut qu'il en soit ainsi; il faut un grand conseil d'État, tout à la fois nombreux et capable, et puisant dans ces deux conditions l'autorité nécessaire, soit pour éclairer la chambre, soit au besoin pour lui tenir tête.

Ce grand conseil d'État ne sera pas nommé par la chambre : la dignité même de ses travaux souffrirait d'une origine qui ferait suspecter son indépendance. Chargé d'ailleurs d'examiner spécialement les lois au point de vue de l'exécution, c'est du pouvoir exécutif qu'il émanera; il sera le conseil du pouvoir exécutif, indépendant de ce pouvoir par la nécessité de n'apporter aucune loi devant la chambre sans en avoir en quelque sorte assuré l'adoption par le contrôle le plus sévère.

Maître de choisir à son gré les conseillers d'État, mais responsable de ses choix, le pouvoir exécutif aura tout intérêt à s'entourer des personnalités les plus recommandables. Et ces choix ne pourront plus être interprétés comme des leçons données au suffrage universel. Les fonctions du conseil d'État et celles de la chambre étant d'une nature toute différente, et la chambre, d'ailleurs, ayant le dernier mot dans toutes les questions, on comprendra que telle personnalité soit parfaitement à sa place dans le conseil d'État, qui aura été justement éliminée de la Chambre par le suffrage universel. Il n'y aura pas de susceptibilité parce qu'il n'y aura pas d'antagonisme.

Chargés d'appliquer les lois et d'en surveiller l'exécution, les ministres auront leur entrée au Conseil d'état, soit pour appuyer, soit pour soutenir les projets en discussion. Ils seront ainsi les intermédiaires du pouvoir exécutif et du conseil d'Etat, sans cesser d'être ceux du pouvoir exécutif et de la chambre élue.

Avons-nous besoin de dire que le conseil d'Etat devra être destitué de toute autorité judiciaire? Emanation du pouvoir exécutif, il ne saurait se transformer en tribunal sans compromettre la justice et la placer aux yeux des justiciables dans un état de suspicion.

Nous croyons qu'un conseil d'Etat ainsi combiné offrirait une garantie efficace contre les inconvénients de la précipitation et de l'inexpérience.

Ajoutons que ce conseil d'Etat aurait encore un avantage. Investi d'une autorité qui, tout en étant considérable, ne pourra porter aucun ombrage à la chambre élue, seule représentation du souverain, il associera à son prestige le pouvoir exécutif dont il sera l'appui, et il y aura là le contre-poids naturel de la chambre unique, contre-poids qui n'aura rien d'inquiétant pour la liberté, car il résultera du jeu même des institutions.

XVII

M. Laboulaye, de son côté, émet une idée qui a séduit beaucoup de bons esprits, celle du renouvellement partiel. Il propose de l'appliquer à la seconde chambre : pourquoi pas à la chambre unique ?

En aucun cas, ce mode de renouvellement ne saurait s'appliquer à la chambre actuelle. Elle a rempli son mandat, elle l'a étendu, exagéré, outré, dépassé, excédé; elle a pu lui survivre, elle ne peut se survivre à elle-même. Elle s'en ira d'un bloc et non par lambeaux. Son rôle est terminée.

Il y a, parmi les républicains, des répugnances contre l'idée du renouvellement partiel. On craint que ce système ne retarde l'avénement d'une majorité parlementaire en harmonie avec la majorité nationale. Ne se laisse-t-on pas entraîner par l'exemple de ce qui se passe aujourd'hui, par l'ennui de voir se perpétuer une majorité parlementaire qui tient à quelques voix et qui abuse de cet avantage pour prolonger le malaise dont gémit le pays? mais ce qui fatigue la nation, ce n'est pas l'absence d'une majorité sérieuse, c'est l'ignorance du terme; si le terme était fixé, deux mois, trois mois, six mois même, on prendrait patience; on ne sait rien, on ne peut rien prévoir : de là l'énervement et la lassitude. En admettant que le renouvellement partiel eût l'inconvénient qu'on redoute, celui de reculer la formation d'une majorité effective, la résignation serait facile, car le délai serait court, et le terme fixé d'avance.

Mais est-il bien certain que le renouvellement partiel retarderait l'avénement de cette majorité? Si l'assemblée nationale doit se renouveler intégralement, il est difficile d'admettre pour cette opération importante un espace moindre de trois années ; si donc l'élection générale s'est faite dans un moment de trouble et de crise, si les partis se trouvent représentés au sein de l'assemblée dans des proportions qui se balancent, il faudra que trois années s'écoulent avant qu'une nouvelle majorité apparaisse. Le renouvellement partiel pourrait au contraire s'effectuer par tiers chaque année, et dans ce cas, dès la seconde année de la législature, la majorité serait faite.

Le renouvellement partiel n'a d'ailleurs rien qui doive

nous surprendre : nous en voyons l'application dans nos Conseils généraux. Il n'a non plus rien de contraire aux principes de la démocratie. Le Sénat de la confédération américaine se renouvelle par tiers tous les deux ans ; plusieurs états de l'Union ont adopté le même mode soit pour l'une ou l'autre, soit pour l'une et l'autre de leurs deux chambres (Minesota, Louisiane, New-York, Californie, Maryland, Texas, etc). Il en est de même dans plusieurs cantons suisses : le grand Conseil se renouvelle par tiers tous les deux ans dans le canton de Zurich, et par moitié tous les trois ans dans ceux de Bâle-Ville et de Schaffhouse.

Le renouvellement partiel donne toute garantie à l'esprit de conservation. M. Laboulaye le constate. Le renouvellement partiel est une digue à ces emportements du suffrage universel qui font la terreur de M. de Broglie ; mais, comme il les empêche, de quelque côté qu'ils tendent à se produire, il est en même temps la garantie des progrès acquis. Il est plus que cela : il est un instrument incessant de progrès, puisqu'il introduit annuellement le contingent des idées nouvelles dans l'action du Corps législatif. Il permet ainsi au suffrage universel de réparer fréquemment ses oublis et ses injustices, d'améliorer sans cesse la grande autorité qui tient dans ses mains le dépôt de la souveraineté nationale, et de réaliser ce *desideratum* de la démocratie : la mobilité des personnes dans la permanence des institutions.

Il oppose d'ailleurs un obstacle infranchissable à ces tendances absolutistes dont M. Laboulaye soupçonne les assemblées uniques. Le moyen qu'une assemblée qui se décompose et se reconstitue à de fréquents intervalles, qui est pour ainsi dire (en forçant la note) dans un état de formation constante, qui reçoit tous les ans (si cette périodicité était adoptée) une infusion de sang populaire, le moyen qu'une pareille assemblée aspire à la tyrannie! mais cette impuissance à faire le mal n'est pas un symp-

tôme de faiblesse; elle est plus forte en effet que les parlements qui s'éternisent, car elle se tient en communica-
tion incessante avec le pays et elle réalise la fable
d'Antée qui reprenait vigueur à chaque fois qu'il tou-
chait la terre.

Enfin, avec le renouvellement partiel, le droit de dissolution devient superflu. Le pouvoir exécutif peut s'en
dispenser. L'appel à la nation se fait tout naturellement,
à époque fixe, et tout le monde y gagne, d'abord le pays
qui n'est pas troublé par une mesure brutale et inatten-
due, ensuite le pouvoir exécutif, qui n'a plus à redouter
les résultats inconnus d'une élection nouvelle, lors
même que ces résultats seraient contraires à ses désirs :
il pourrait s'y soumettre sans humiliation, n'ayant pas
provoqué sa défaite.

XVIII

Tel serait l'ensemble :

Une Chambre des représentants, élue par le suffrage
universel, renouvelable partiellement, et seule compé-
tente pour le vote des lois ;

Un grand conseil d'Etat nommé par le pouvoir exécutif et chargé d'examiner les projets de lois émanant soit
du gouvernement, soit de l'initiative parlementaire.

La création d'une seconde chambre ajouterait-elle une
seule garantie à celles que présenterait l'organisation des
pouvoirs républicains dans les termes que nous venons
d'indiquer? Assurerait-elle davantage la maturité du tra-

vail législatif, l'accord de l'esprit de conservation avec l'esprit de progrès, l'indépendance du pouvoir exécutif? On ʟous permettra d'en douter.

On a cherché, on cherche encore pour le pouvoir exécutif un gage d'indépendance dans l'établissement du *veto* suspensif. Le *veto* ne serait qu'une malencontreuse ingérence du pouvoir exécutif dans les attributions législatives. L'intervention régulière et légale du conseil d'Etat remplira le même résultat, sans avoir le même caractère. Quand les observations respectueuses d'un corps aussi éminent que le conseil d'Etat auront échoué sur l'esprit de la chambre, s'imagine-t-on que le *veto* y aurait fait davantage? Il faut laisser en repos ce vieux souvenir. Le *veto* n'a pas fait fortune sous la monarchie; il serait encore moins à sa place sous des institutions républicaines.

XIX

Il y a une opinion enracinée dans le parti conservateur, c'est que les deux chambres sont un élément de sécurité pour le gouvernement. On serait bien embarrassé de nous dire quel gouvernement elles ont protégé.

La première épreuve du système a tourné tout au rebours ; c'est la lutte du Conseil des Anciens et de celui des Cinq-Cents qui a fait le 18 Brumaire; dans cette journée tristement fameuse, les deux chambres, par leur antagonisme, n'ont servi qu'à aider à la chute du gouvernement établi et à l'installation du despotisme militaire.

Est-il vrai que ce soient les deux chambres qui aient fait vivre le régime constitutionnel depuis 1814 jusqu'en 1848 ? Ce qui est incontestable, c'est qu'elles l'ont laissé mourir, et l'on sait de quel poids insignifiant ont pesé dans la balance populaire la Pairie de Charles X et celle de Louis-Philippe.

Sous le premier Empire, la servilité du Sénat vis-à-vis du maître tout-puissant n'a eu d'égale que son insolence vis-à-vis du maître abattu, et si le Sénat du troisième Bonaparte n'a pas eu cette ingratitude, il n'a pas eu plus de force : pour fermer les portes du Luxembourg, il a suffi, le 4 Septembre, de quatre hommes sans caporal.

Ces sénats et ces pairies représentaient sans doute un élément aristocratique sans racine dans le pays. M. Laboulaye le rappelle avec raison. Que M. de Broglie lui réponde, puisqu'il prétend renouveler l'expérience.

Nos adversaires devraient bien tâcher de se mettre d'accord : tandis que pour ceux-ci une assemblée unique est trop puissante, pour ceux-là elle est trop faible ; les premiers la considèrent comme un danger, les seconds ne la considèrent pas même comme un appui.

Les contradictions pleuvent.

XX

Il serait très-facile de résumer en quelques articles de loi les explications qui précèdent. Nous nous garderons bien de le faire : on n'aurait qu'à croire que nous voulons constituer ! Le système est d'ailleurs bien simple, mais cette simplicité même est un grand vice dans les circonstances actuelles. Le simple n'est pas à l'ordre du jour ; la mode est au compliqué. Que ne rêve-t-on pas sur les bancs de la droite ! Que ne cherche t-on pas dans la commission des Trente ! Les enchevêtrements les plus inintelligibles ont toute la faveur. Représentation des intérêts, représentation du droit paternel et du droit conjugal, suffrage accumulé, vote à divers degrés, catégories électorales, tout cela bouillonne confusément dans l'alambic. Les chimistes législatifs sont à l'œuvre : attendons ce qui sortira du creuset.

Il n'en sortira rien peut-être, et c'est bien ce qu'il pourrait y avoir de plus heureux. L'*olla podrida* qu'on nous prépare sera difficilement au goût de la France. D'ailleurs la France ne demande pas à goûter de ce mélange ; elle ne demande qu'une chose, c'est qu'on la laisse s'arranger elle-même : elle en a le droit, et il en est temps.

Avril 1874.

www.ingramcontent.com/pod-product-compliance
Ingram Content Group UK Ltd.
Pitfield, Milton Keynes, MK11 3LW, UK
UKHW022328120726
13694UKWH00004B/1544